Herstellung und Verlag
BoD - Book on Demand, Norderstedt
ISBN 9783746036328

Barbara Ohl

Einhundertundelf Elfchen

Gedichte

Elfchen

Was ist überhaupt ein Elfchen?
Mit einer Elfe, diesem niedlichen Wesen, das oft in Märchen vor-
kommt, hat es so gar nichts tun. Außer dem Wort Elf.
Ein "Elfchen" ist ein kurzes Gedicht mit einer streng
vorgegebenen Form. Es besteht aus elf Wörtern, die in festgelegter
Folge auf fünf Zeilen verteilt werden.
Viel Freude beim Lesen!

Wind
launisch weht
manch einer versteht
sein Fähnchen zu drehen
Ansehen

Sonntagmorgen
nass kalt
Schnee kommt bald
gemütlich kuschelig und nett
Bett

Bett
warm weich
hüpf hinein sogleich
Träume ich dort traf
Schlaf

Himmel
gleiten schweben
träumend durchs Leben
dann der freie Fall
Aufprall

November
Sommergedanken fegen
durch Schnee und Regen
werden langsam steif
Raureif

Herbstzauber
fröhlich bunt
Blätter tun kund
dass der Sommer vorbei
Jahreszeitenvielerlei

Herbst
stürmisch kalt
raschelnd der Wald
laufen durch bunte Blätter
Wetter

Frühlingsdüfte
wehen lau
Gedanken blühen blau
Bäume träumen grün lind
geschwind

Gartenarbeit
krummer Rücken
vom vielen Bücken
die Blumen duftend lauschen
Frühlingsrauschen

Tränen
aus Eis
still und leis
in mir gefrierendes Blut
Wut

Eiswinde
gefrierender Tau
Lippen küssen lau
die blauen Augen trügen
Lügen

Clown
lachende Masken
scherzen und flachsen
Tränen sind sein Missgeschick
Augenblick

12

Sterne
Himmel sprühen
funkelnde Lichter blühen
nachts träumt die Liebe
Triebe

Vögel
im Morgengrauen
ihre Nester bauen
Hochzeiter auf fröhlichen Schwingen
singen

Liebe
still leise
auf sanfte Weise
in meinen Augen lies
Paradies

Bank
knorrig alt
ruhend im Wald
Lenzhauch hängt in Bäumen
träumen

Spieluhr
himmlische Melodie
von anno Domini
Gefühle tanzen selbstvergessen jung
Erinnerung

Flammen
lodern riskant
die Finger verbrannt
Seele und Herz geschunden
Brandwunden

Sonnenstrahl
leuchtend heiß
küsst jeden Naseweis
halte hin mein Gesicht
sticht

Baum
traumverwurzelte Reise
alt und weise
lehn mich gegen Rinde
Linde

Eichhörnchen
flink springt
das Kunststück misslingt
aus den Ästen gepurzelt
entwurzelt

Zeit
ein Dieb
so schnell entflieht
dir schenke ich sie
Harmonie

Eifersucht
qualvoll ruft
mit Eifer sucht
was so nutzlos ist
frisst

Soldat
gehorsam pariert
lethargisch weiter marschiert
die Erde weint blutrot
Tod

Verlust
zwischenmenschlicher Anstand
Humanität gar verbannt
weit und breit Anarchie
Empathie

Stiefel
Eisen beschlagen
erste Tritte wagen
Menschlichkeit mit Füßen getreten
Proleten

Umkehrpunkt
lange überschritten
den Teufel geritten
zu spät zur Wende
Ende

Tod
zu schnell
kam der Gesell
für den Fährmann Silberstücke
Lücke

Death
came fast
life just past
a last sad farewell
death bell

Illusionenrausch
verführerisch gesüßt
die Wahrheit eingebüßt
eitel der waghalsige Flug
Selbstbetrug

Spiegel
zerbrochenes Glas
Zeit darin las
namenlos zerrissen die Stunden
Wunden

Wellen
schäumend rauschen
der Brandung lauschen
ein Zauber ohne Wiederkehr
Meer

Rosen
betörend Wort
Blütenblätter wehen fort
doch spitze Dornen bleiben
Leiden

Zuneigung
schmerzlich vermisst
die Kälte frisst
kein Nehmen, kein Geben
überleben

Schlaf
ruhig entspannt
kleiner Tod genannt
im Kopf kein Gewimmel
Himmel

Ketten
rostig alt
halten mit Gewalt
im Glied die Menge
Enge

Lügen
unbedacht gesprochen
im Herzen pochen
Vertrauen sie dir rauben
glauben

Gewohnheiten
so bequem
werden zum Problem
die Liebe nur Pflicht
bricht

Fluss
fließt wild
zum Strome schwillt
gegen die Strömung stimmen
freischwimmen

24

Wut
gefährlich schleicht
kritischer Punkt erreicht
innerlich tobt der Wahn
Vulkan

Drache
sanft ruht
Augen voller Glut
wird wach das Ungeheuer
Feuer

Steine
schwer drücken
krumm der Rücken
schleppt beschwerlich ohne Rast
Ballast

Träume
so wunderbar
werden manchmal wahr
halte dein Herz offen
hoffen

Weg
rauf runter
kopfunter oder munter
Leben ist (k)ein Spiel
Ziel

Lack
matt blättert
das Alter wettert
erste Spuren von Frost
Rost

Fassade
bröckelt langsam
die Natur nahm
zurück duftend blühende Jasmine
Ruine

Lachen
leise laut
klang so vertraut
verschwand lautlos im Wind
Kind

Pusteblume
luftig leicht
vom Wind erreicht
meine Träume immerzu kreisen
Reisen

Erdbeere
küsst mich
küsst auch dich
süßer Geschmack reichlich strömt
verwöhnt

Punkt
manchen entsetzt
einfach so gesetzt
bringt oft die Wende
Ende

Erinnerungen
Schmerz Freude
des Lebens Beute
mit der Zeit verloren
eingefroren

Mai
blumig schau
Tage in himmelblau
ein Glas zum Wohle
Bowle

Blume
duftend erblüht
Balsam fürs Gemüt
in die Vase gestellt
verwelkt

Auszeit
wühle müde
in meinen Gefühlen
werde einfach mal aussteigen
Schweigen

Füllfederhalter
kratzt monoton
in geschwungenem Strom
stumme Worte fließend notier
Papier

Vergangenheit
festhalten fassen
die Gegenwart verpassen
Retrospektive nur mit Vernunft
Zukunft

Musik
zärtlich leise
auf besondre Weise
streichelt unter der Haut
vertraut

32

Worte
verlieren sich
sind einfach weggewischt
die Silben nicht ausgespuckt
verschluckt

Sommeranfang
fröhlich lachen
tolle Sachen machen
im Bach Füße kühlen
fühlen

Sommer
kunterbunt heiß
dazu leckeres Eis
sitze still und schwitze
Affenhitze

Tasse
groß klein
mit Kaffee fein
tut dich jemand nerven
werfen

Regen
nass kalt
ins Gesicht prallt
und wie das pisst
Mist

Wege
gehen unbeirrt
durch zeitliches Gewirr
kein Weg ist eben
Leben

Maus
oh Schreck
huscht ums Eck
nur zu einem Zweck
Speck

Maus
Käse klaut
noch nicht verdaut
kommt schon die Katz
Schmatz

Mäuse
seidig grau
außerdem sehr schlau
tanzen auf dem Tisch
gelegentlich

36

Katze
anschmiegsam verspielt
die Samtpfote zielt
das Mäuschen in Bedrängnis
Verhängnis

Katzen
schnurren leise
knurren auch zeitweise
jagen je nach Belieben
Fliegen

Mäuschen
traurig guckt
der Bussard schluckt
das Mäuschen ist zusammengezuckt
geduckt

Fliege
still verweilt
ein Auge peilt
schlag zu in Not
tot

Freude
still gefühlt
das Herz zerwühlt
im Glück sich wähnen
Tränen

Wahrheit
deine meine
alles zum Scheine
jeder seine Wirklichkeit konstruiert
maskiert

Schreien
Seelen flehen
jeden Sinn verdrehen
die Worte geschleudert mundgerecht
Gefecht

Frieden
erhofft erstrebt
die Erde bebt
Kriege die Gedanken vergiften
stiften

Liebe
leidenschaftliche Glut
doch fehlte Mut
am Ende steht Verzicht
Vergissmeinnicht

40

Feiern
fröhlich ausgelassen
singend durch Gassen
selig ins Bett gesunken
betrunken

Verstand
langsam zerfällt
durcheinander die Welt
der Kopf ist schwer
leer

Licht
gleißend hell
fast schon grell
genug für den Augenblick
Rückblick

Weihnachtsplätzchen
Teig gerührt
so süß verführt
stopf mir die Taschen
naschen

Dose
fest verschlossen
das Geheimnis erschlossen
erschreckend was ich sah
Pandora

Elfe
friert nackt
im Unterholz wacht
kalt wird es bald
Wald

42

Lippen
samt weich
spitzen sich sogleich
mich immerzu verführen müssen
küssen

Raupe
dick fett
wirklich nicht adrett
Puppe am Ast hing
Schmetterling

Herz
traurig schlägt
viele Sorgen trägt
Schmerz den Bogen überspannt
Stillstand

44

Frühstücksküsse
gerne probiert
die schmecken garantiert
Erlebnis auf dem Munde
Morgenstunde

Stolz
falsch dumm
strotzen vor Publikum
tut wahrhaft nicht gut
Demut

Winde
stinkend schleichen
dem Po entweichen
man nennt sie kurz
Furz

Morgenmuffel
griesgrämig zerzaust
Lächeln nicht verdaust
bleib in deinen Daunen
Launen

Sonntagmorgen
ruhig still
nicht aufstehen will
das möchte mir behagen
ausschlafen

Gewitter
zu zweit
oft auch befreit
Blicke und Worte krachen
verursachen

Wangen
leicht rot
Worte in Not
nur keine Aufmerksamkeit erregen
verlegen

Sorgen
wiegen schwer
das Lächeln leer
Seelen geraten ins Wanken
Gedanken

Vagabund
glücklich arglos
doch auch bargeldlos
würde gerne trinken Wein
Zipperlein

Doktor
schaut streng
mein Hals eng
keine Angst vorm Titel
Kittel

Brücken
tragen halten
Wege neu gestalten
aufrecht mein sehnsüchtiges Bestreben
leben

Sonnenschein
lacht winkt
gute Laune bringt
scheint nicht auf Dauer
Regenschauer

Stille
leitet führt
mein Seele berührt
finde zu meinem Ich
innerlich

Kalender
blättern messen
Zeit schnell vergessen
gestern war ich jung
Erinnerung

Spiel
lustig treiben
Kind noch bleiben
komm sei mit dabei
sorgenfrei

Mond
groß rund
Träume purzeln kunterbunt
kreist um uns herum
Universum

Ende
gefühllos marod
Liebesbeziehung droht Tod
es ist kein Untergang
Anfang

Kind
so klein
Glück, du mein
sanft und sicher wiegen
lieben

Glück
wahr selten
andere Gesetze gelten
in dein Herz einlassen
loslassen

Schnee
leise fällt
erhellt die Welt
ein paar Schritte nur
Spur

Nikolaus
freundlich weise
auf langer Reise
die Kinderaugen strahlen erwartungsvoll
friedvoll

Morgen
matt schleicht
die Dunkelheit weicht
langsam beginnt das Leben
ergeben

Hoffnung
zuletzt bricht
nirgendwo ist Licht
Träume liegen im Sterben
Scherben

Musik
rhythmisch wild
im Ohre schwillt
rauscht durch mein Blut
Sinnesflut

Seele
einsam schlief
Schmerz sitzt tief
halt mich im Arm
warm

Worte
böse ausgespuckt
ein Anderer schluckt
schnell ist Streit entfacht
Bedacht

Silvesternacht
klirrend kalt
der Korken knallt
lebe und liebe getrost
Prost!

Über die Autorin:

Barbara Ohl, geboren in Idar-Oberstein, lebt seit 1978 in Kaiserslautern, im Herzen des Pfälzer Waldes. Sie liebt die Natur und lässt sich auf ausgedehnten Spaziergängen, immer wieder von ihr inspirieren.
Zunächst arbeitet sie als technische Übersetzerin. Nach erlebnisreichen, bewegenden Jahren erfüllt sie sich einen lang gehegten Traum.
Sie beginnt zu Schreiben.

Weitere Titel der Autorin:

Hinter dieser Welt
Lyrik
ISBN 9783739219981
BoD Verlag

Entzauberte Welt
Lyrik
ISBN 9783741275791
BoD Verlag

Pälzer Geschichte vum Frieda un vum Karl
in un um Lautre erum
Pfälzer Mundart Gedichte
ISBN 9783743116917

Die Verlorenen dieser Welt
Kurzgeschichten, Prosa
ISBN 9783743151109
BoD Verlag

Ein Winter auf dem Land
Kurzgeschichte, E-Book
ISBN 9783743151109
BoD Verlag

Eine Reise zwischen Licht und Schatten
Lyrik, Gedichte, Kurzgeschichten
ISBN 9783744890052
BoD Verlag

Endstation
Kurzgeschichte, E-Book
ISBN 9783746032474
BoD Verlag

www.barbaraohl.com